AF453139

QUESTION

DU

SUCRE INDIGÈNE

CONSIDÉRÉE SOUS LE RAPPORT

DE LA MARINE FRANÇAISE.

QUESTION

DU

SUCRE INDIGÈNE

CONSIDÉRÉE SOUS LE RAPPORT

DE LA MARINE FRANÇAISE ;

Par Napoléon Le Mesl

(des Côtes-du-Nord),

AUTEUR DE L'IMPÔT DES BOISSONS.

PARIS,

IMPRIMERIE ET LIBRAIRIE NORMALE

DE PAUL DUPONT ET Cie,

Rue de Grenelle-Saint-Honoré, nᵒ 55.

INTRODUCTION.

Il est des époques, dans l'histoire des empires, où une sorte de fièvre travaille le corps social. Alors les différens partis qui s'agitent à la surface du sol ne s'adressent qu'aux passions des masses, et, sous le manteau de l'intérêt général, couvrent une égoïste ambition, un dessein secret de faire tourner à leur profit tous les faits qui surgissent de la marche du temps. Les discussions portent le cachet des sectes politiques dont elles veulent servir les opinions ; et, au milieu de cette tourmente intellectuelle, le pays flotte, incertain, entre le mensonge et la vérité. Aucune main ne le dirige sur les flots qui le ballottent sans cesse, et que des accidens imprévus soulèvent avec force au moment où le calme semblait renaître. Il est difficile, en effet, que l'homme, pour apprécier avec justice les événemens qui s'accomplissent sous ses yeux, se place au dessus des orages du moment. Il s'enrôle sous la bannière du parti vers lequel l'attirent ses convictions politiques et religieuses ; et, lorsqu'il est enveloppé dans l'atmosphère ardente des coteries, il ne peut jouir de toutes les facultés nécessaires pour asseoir un jugement impartial. Il se croit encore indépendant; il croit posséder encore son libre arbitre, et il n'aperçoit qu'à travers le prisme de l'intérêt individuel les révolutions qui ébranlent l'édifice social !

Tout observateur qui aura suivi les différentes phases que la nation française a parcourues depuis le mois de juillet 1830 avouera que, dans ces derniers temps, les discussions soulevées par la presse et par la tribune parlementaire avaient plutôt pour but de faire triompher tel ou tel système politique que d'améliorer la position des masses. Un esprit étroit d'individualités ou de coteries pesait sur toutes ces controverses qui devaient lasser l'attention publique; car, quoique soutenues avec talent et éclat, elles n'avaient aucune influence sur la richesse générale, et, par cela seul, on n'aurait pas dû leur consacrer un temps que réclamaient des intérêts d'une plus grande importance.

Depuis bien des années, la France se livre avec activité à l'édification de son monument politique. Loin de moi l'idée de jeter le moindre blâme sur les travaux qu'elle a déjà terminés ! A l'heure qu'il est, les peuples avancés dans la civilisation exigent des constitutions où leurs droits soient écrits en lettres ineffaçables; et, sans fermer les yeux à la vérité, sans nier le mouvement que la diffusion des lumières a imprimé à presque toutes les parties du globe, sans rester sourd à l'enseignement qui ressort des révolutions que notre pays a traversées, il est impossible de soutenir que nos législateurs n'ont aucun titre à

la reconnaissance de la nation. Mais le moment est peut-
être venu de tourner les regards vers les intérêts matériels.
Ceux-ci appellent toutes les méditations de nos hommes
d'état : car, si la France veut conserver intact le dépôt
de ses libertés, elle a soif aussi d'institutions à l'ombre
desquelles la fortune publique puisse se développer avec
promptitude.

Et ici je dois signaler une amélioration que le temps
a apportée dans le domaine de la publicité. Les questions
irritantes ne rencontrent plus de sympathies, et ne figurent que rarement dans les colonnes des journaux les
plus répandus. On commence à agiter des matières dont
la solution importe au bonheur des classes laborieuses.
Chacun dépose dans ces débats le tribut de ses lumières,
de ses convictions ; et quel que soit le système d'économie
politique qui serve de base à son argumentation, on est
toujours sûr de parler à des hommes qui marchent avec
ardeur à la découverte de la vérité.

Cette persuasion m'encouragera dans la carrière que je
vais parcourir, et où m'appelle une question à laquelle se
rattachent les plus hautes considérations de l'ordre politique et de l'ordre matériel. Habitué à secouer le joug de
l'esprit de parti, j'apporterai dans la discussion le fruit
d'une conviction indépendante de l'intérêt personnel
froissé dans son avenir. Ce mérite, assez rare de nos
jours, est peut-être de nature à éveiller l'attention des
personnes jalouses de maintenir la France au rang élevé
que son histoire et le génie de ses habitans lui assignent
parmi les nations guerrières et industrielles.

Dans ces derniers temps, une controverse extrêmement

vive a été soulevée au sujet d'un projet d'impôt sur les sucres indigènes. Elle a mis en présence bien des élémens opposés. L'agriculture, l'industrie, le commerce, les ports de mer ont rencontré d'éloquens défenseurs. Mais, comme dans toutes les matières où l'avenir d'aussi graves intérêts se trouve plus ou moins compromis, chaque avocat se plaçait au point de vue le plus favorable au triomphe de sa cause; et, loin de s'enquérir si la prospérité de la France ne serait pas ébranlée par le succès du système dont il préconisait les avantages, il fermait l'oreille aux objections qu'on lui adressait de toutes parts, et atteignait toujours le but qu'il s'était proposé : aussi presque tous les ouvrages que l'examen de cette question a fait éclore sont-ils empreints du cachet étroit des localités qui les avaient inspirés. Un très petit nombre de ces publications s'élèvent à des considérations prises en dehors d'aussi mesquines influences. Il en est résulté qu'une polémique qui dure depuis deux ans, et où l'on a dépensé beaucoup d'esprit, n'a pas totalement éclairé la France, et qu'elle se demande encore si l'on doit frapper d'une taxe le sucre de betteraves.

Je suis intimement persuadé que cette indécision n'existerait plus si l'on avait pénétré dans les entrailles du sujet, si l'on avait abordé franchement, si je puis m'exprimer ainsi, le côté maritime de la question. Mais, jusqu'ici, aucun écrivain n'a voulu marcher sur un terrain aussi brûlant. Il semblerait, en vérité, que l'on ne pût remplir cette tâche sans jeter sur son pays les brandons de la guerre civile, sans ébranler la base sur laquelle repose tout notre système colonial.

(5)

Aucune crainte de cette espèce ne peut arrêter ma plume. Je sais rendre justice aux progrès que mon pays a marqués dans la voie de la modération et de la tolérance; et, quel que soit le drapeau sous lequel on marche, dès lors que les principes que l'on proclame portent le cachet d'une conviction profonde, on a des droits à l'attention des hommes graves dont les méditations roulent sur les moyens d'accroître la prospérité de la France.

Le projet d'impôt sur les sucres indigènes a donné naissance à de violentes déclamations contre la marine. Quelques uns de ses détracteurs ont prétendu qu'on n'avait pas joué un rôle important dans l'histoire des peuples, parce que c'est là une force factice qu'une tempête ou une bataille peut détruire en un seul jour. D'autres, ressuscitant la thèse déjà soutenue par l'abbé de Pradt, ont avancé que la France ne pouvait songer à s'élever au rang de puissance navale, et que tous les sacrifices qu'elle s'était imposés pour jeter sur les mers des escadres nombreuses n'avaient rien ajouté ni à sa gloire ni à son bien-être matériel.

Je me propose, dans cet écrit, de dissiper toutes ces erreurs et de démontrer les propositions suivantes :

1º La marine a toujours été un élément de gloire et de prospérité.

2º La France est essentiellement puissance maritime, et tout lui fait un devoir d'entretenir une flotte importante.

3º La France se trouverait dans l'impossibilité d'armer des escadres si elle ne conservait précieusement ses colonies.

4° Ses possessions d'outre-mer lui échapperaient si elle n'imposait pas le sucre indigène.

Si, comme je l'espère, je prouve la vérité de ces propositions, l'on conviendra , sans doute, que le sujet que je traite est éminemment national, puisque, de la solution que lui donnera le pouvoir législatif dépend peut-être tout l'avenir de notre puissance maritime.

QUESTION

DU SUCRE INDIGÈNE,

CONSIDÉRÉE SOUS LE RAPPORT

DE LA MARINE FRANÇAISE.

La marine a toujours été un instrument de gloire et de prospérité.

Le spectacle le plus imposant que l'histoire présente aux regards de l'homme est celui de la navigation. Il est impossible de préciser le temps où l'on opéra cette sublime découverte. Elle se perd dans la nuit des âges, et le nom de son inventeur ne peut qu'être l'objet de l'admiration des siècles.

Quoi qu'il en soit, celui qui le premier conçut l'idée de soumettre le plus terrible des élémens, de se frayer une route à travers les flots, recula les bornes du monde, tripla, pour ainsi dire, la mesure de l'univers; car, jusque là, les bords de la mer avaient été considérés comme des barrières infranchissables que Dieu avait posées à la limite de quelques états.

Mais la nature, après un laborieux enfantement, produisit un homme dont le vol d'aigle planait incessamment au dessus des orages, et qui, se sentant trop à l'étroit sur la terre, forma le projet gigantesque de voyager sur un élément presque toujours agité par la tempête, et de rapprocher ainsi les distances qui séparent les peuples. Bien des essais furent par lui tentés; mais il avait foi en lui-même, et ne se découragea point. Enfin, à force de génie et de persévérance, il inventa quelque chose qui ne présentait certes pas la régularité que l'art a apportée dans la confection des navires, mais qui, du moins, lui fournit les moyens de voguer le long du rivage. C'était déjà un grand pas de fait; c'était comme un jalon qu'il avait placé sur des déserts jusqu'alors inconnus, et que l'on devait plus tard explorer dans tous leurs sens. D'autres vinrent après lui qui perfectionnèrent son œuvre; et, du temps des Phéniciens, la navigation avait déjà fait tant de progrès que l'homme osait, sur un bois fragile et incessamment ballotté par les flots, entreprendre des voyages d'une certaine étendue.

Il est même probable que cette découverte a pris naissance chez ce peuple. Jeté sur les bords de la Méditerranée, dans un pays ingrat où l'agriculture ne pouvait atteindre aucun degré de prospérité, il sentit le besoin de chercher au loin des richesses que son sol lui refusait. D'un autre côté, la nature lui avait accordé tout ce qui constitue les élémens de la navigation. Outre un grand nombre de ports à l'abri des ravages de la tempête, il possédait les forêts du mont Liban qui lui fournissaient les matériaux nécessaires pour la construction de ses vaisseaux. Il exploita ces avantages avec une merveilleuse sagacité; car, dès les premiers siècles qui suivirent le déluge, son commerce extérieur avait déjà obtenu une extension presque fabuleuse, si on lui tient compte de l'état peu avancé où se trouvaient à cette époque les connaissances astronomiques, si l'on songe que, pour se diriger sur les flots, on était réduit à l'observation des astres.

Malgré cela, tandis que les Égyptiens voyaient dans la mer l'emblème de Typhon, l'ennemi d'Osiris, et que, par ce motif superstitieux, ils abhorraient cet élément, les Phéniciens s'en servaient comme de l'agent le plus fécond de la prospérité publique. Ils jetèrent des colonies sur les îles de Rhodes et de Chypre, dans la Grèce, la Sicile et la Sardaigne ; ils fondèrent des établissemens sur les côtes méridionales de l'Espagne; ils franchirent le détroit. Cadix fut par eux converti en un immense entrepôt. Si l'on peut ajouter foi à l'autorité de Strabon, sitôt après la guerre de Troie, ils comptaient déjà des colonies sur les côtes occidentales de l'Afrique. Grace à son industrie, à son activité, à son génie, ce peuple navigateur, que l'on croit l'auteur de l'écriture alphabétique, sut, pour ainsi dire, terrasser la mauvaise fortune, et, privé des trésors de l'agriculture, se plaça pourtant, par les rapports qu'il établit avec les autres nations, à la tête des états favorisés de la fortune. Or, l'Egypte, malgré son beau ciel, son sol fertile et ses gigantesques monumens, a traversé des jours bien malheureux, parce qu'elle ne s'était pas pénétrée de la prodigieuse influence que la navigation exerçait sur la richesse publique.

Que l'on jette un coup d'œil sur une terre qui joue un rôle brillant dans les fastes de l'antiquité ; on verra qu'un état qui ne renferme que 90,000 citoyens, 45,000 étrangers ou métèques et 350,000 esclaves, domina toutes les républiques qui composaient la Grèce ; qu'en raison de sa suprématie maritime, Athènes s'attribuait une sorte de protectorat commercial à l'égard des nations qui l'entouraient ; que, d'après Xénophon, aucune ville ne jouissait des bienfaits de l'exportation si elle ne faisait, au préalable, sa soumission aux maîtres de la mer ; qu'en conséquence ils s'enrichissaient, eux, à l'aide des échanges avec l'étranger, tandis qu'ils pouvaient jeter dans le malaise les autres parties de la confédération grecque, en les empêchant de se débarrasser de leur superflu. Aussi Solon, Thémistocle et Périclès cherchèrent, par tous les moyens que leur suggérait leur patriotisme, à agrandir le cercle de la puissance navale, et donnèrent une forte impulsion à l'industrie, parce qu'elle fournissait à la marine des hommes robustes et courageux.

Au reste, on s'explique facilement l'espèce de prédilection que les peuples de ces contrées nourrissaient pour cette branche de la force publique, si l'on se rappelle les services qu'elle a rendus à la patrie. Après le sublime dévoûment des Thermopyles, Xercès entrait en triomphateur sur le territoire de la république d'Athènes; l'incendie et le ravage suivaient ses pas. Les habitans du Péloponèse se retiraient derrière l'isthme de Corinthe : la nationalité allait périr et précipiter dans sa chute des guerriers dont les noms rappelaient des actions gigantesques. Alors, un homme dont la voix était puissante sur la foule, et qui s'était illustré sur les champs de bataille, Thémistocle, arrête ses compatriotes fuyant devant les Perses, et leur crie : « Montez sur vos galères; « c'est là qu'est votre patrie. Qu'ils brûlent Athènes, « vous la rebâtirez plus belle; avec votre flotte, vous « pouvez reconquérir la Grèce.» Et, quelques jours après, Salamine vengeait le grand désastre des Thermopyles, et ébranlait un colosse qui devait effacer le nom de Grèce de la carte du monde! Ainsi, grace à ses flottes, Athènes jouit d'un bien-être matériel dont les autres états environnans ne présentèrent aucun exemple, et sauva la patrie d'un naufrage auquel il lui était difficile d'échapper.

Carthage, colonie phénicienne fondée par Didon sur les côtes de l'Afrique, s'éleva peu à peu par le moyen de son commerce avec l'étranger. Ce peuple de marchands qui, chose extraordinaire dans les fastes des nations, jouit cinq cents ans de suite des douceurs de la paix intérieure et de la liberté civile, fit reposer sur sa marine sa gloire et son opulente prospérité; et à l'époque où presque tous les autres états se courbaient devant la puissance romaine, il se posait, lui, l'adversaire d'un empire qui menaçait de s'étendre sur tous les points du globe. A la bataille de Drépane, les Carthaginois déployèrent une bravoure surprenante, détruisirent la flotte commandée par Claudius Pulcher, et firent trembler Rome, qui se croyait la reine du monde.

Rome, après ce désastre, vit de quel côté elle était vulnérable, et tourna ses regards vers sa marine, qui, grace au dévoûment des citoyens, fut placée en très peu de temps sur un pied respectable. A partir de cette époque, ouverte, pour ainsi dire, par le combat remporté par le consul Lutatius sur la flotte d'Hannon, la nation romaine, aussi redoutable sur mer que sur terre, marcha à pas de géant à la conquête des états qui lui inspiraient de l'ombrage ou ne voulaient pas se soumettre à sa lourde domination.

Lorsque les barbares du Nord firent crouler un empire trop grand pour rester long-temps debout, les colonies fondées sur le littoral de l'Italie héritèrent des débris de sa puissance maritime, et, s'appuyant sur leurs escadres, donnèrent à leur commerce une très grande extension, et conservèrent long-temps, au milieu des grandes nations modernes, un rang fort élevé.

Pise jeta la première, au sein de la barbarie, l'éclat dont l'entourèrent les brillantes spéculations de ses navigateurs.

Pendant les XIVe et XVe siècles, les Vénitiens, sortis des fanges d'un marais, eurent, pour ainsi dire, le monopole du commerce des épiceries et des Indes orientales, qu'ils distribuaient ensuite aux autres nations de l'Europe; et, tandis que leur industrie jetait l'aisance dans l'Occident, ils faisaient retentir l'Orient du bruit de leur puissance.

Gênes, grace à ses flottes, atteignit un haut degré de bien-être matériel, et sut se faire respecter des autres nations.

A l'époque où Colomb découvrit un nouveau monde, l'Espagne, florissante au dedans, tranchait à son profit toutes les difficultés qui surgissaient au dehors. Mais alors ses décisions s'appuyaient sur une flotte formidable; et il eût été téméraire de ne pas s'y soumettre.

Le Portugal a joué, parmi les nations commerciales et maritimes, un rôle qui n'était pas dénué de grandeur.

La Hollande languissait dans la misère et l'esclavage; mais le commerce extérieur ranima ce corps presque éteint; et, au bout de quelques années, ses vaisseaux lui conquirent une large part de richesses et de gloire.

Lorsque Dragut et Barberousse commandaient les flottes immenses de Soliman, la Turquie s'éleva à un haut degré de puissance et de bonheur matériel.

L'Angleterre présente aux regards de l'observateur le spectacle le plus surprenant que puisse fixer son attention. Il y a vraiment quelque chose de miraculeux dans l'histoire de ce peuple. Relégué par la nature sur des îles placées au nord de l'Europe, il a pu, par des prodiges nés de son industrie, s'élancer, du milieu des brouillards de son climat, jusqu'aux contrées les plus éloignées du globe et soumettre à sa domination 115,000,000 d'hommes, qui, disséminés sur presque tous les points du monde connu, contribuent, par leurs travaux, à la prospérité de la mère patrie. Son pavillon flotte sur le nord de l'Amérique; il a élevé sur les bords africains un nombre immense de comptoirs, dont les dépendances se prolongent jusqu'à 400 lieues dans la Cafrerie. Il compte dans les Indes orientales 60,000,000 de sujets qui finiront par englober les populations marattes et birmannes. Son sceptre s'étend sur presque toute l'Océanie et sur un grand nombre d'îles et d'archipels qu'il possède dans toutes les mers. Son commerce éclipse celui de tous les états qui ont figuré ou qui figurent encore

sûr la scène du monde. Ses immenses ressources financières, et les batailles du 13 prairial, d'Aboukir et de Tra-
falgar ont arrêté dans son vol l'aigle glorieux de l'empire. Dans ces derniers temps, il s'est établi l'arbitre des
contestations survenues entre des puissances qui marchent à la tête des nations guerrières. Sa haute sagesse
a su maintenir la paix européenne, malgré tous les élémens de conflagration générale que renfermait l'horizon
politique. Sa voix est puissante au sein des réunions où
se décide le sort des états. Enfin le génie d'Albion plane,
sans rivaux, au dessus de toutes les mers.

Quelle est la cause et de l'immense prospérité à laquelle la Grande-Bretagne s'est élevée malgré les orages
de son gouvernement et du poids énorme qu'elle pèse
dans la balance du monde? Il n'est pas difficile de répondre
à cette question : c'est à la marine qu'elle doit et son bien-
être matériel et l'auréole de gloire qui l'entoure. Privée
de cet instrument de la fortune publique, que serait-elle ?
un état presque sans agriculture, sans industrie, qui verrait chaque jour sa population décroître ; car elle est toujours relative à l'aisance générale. Alors tout serait dit
pour l'empire britannique. Sa puissance se serait évanouie,
et son nom ne rappellerait aux peuples du continent que
des insulaires traînant sur des rochers incultes une mi-
sérable existence...

Et la jeune Amérique, cette nation déjà si avancée dans
les voies de la civilisation , à quoi peut-elle attribuer
la grande extension qu'elle a donnée, dans ces derniers
temps , à son industrie et à ses relations extérieures, le
rapide bien-être qu'elle a procuré à ses enfans, et la haute
influence qu'elle exerce dans les états de la vieille Europe ? à son commerce maritime et à ses vaisseaux.

Je pourrais encore, pour prouver la thèse que je
soutiens, m'appuyer sur l'autorité de la France ; mais, ou-

tre que ce serait donner peut-être de trop grands développemens à mes idées, l'examen de cette question rentre
dans le cadre du chapitre suivant, où je peindrai à grands
traits l'histoire de la marine française.

Il me semble avoir démontré que les états dont les
frontières s'étendent sur les bords de la mer ont senti le
besoin de se livrer à la navigation, non seulement pour
se préserver des atteintes de l'ennemi, mais encore
pour donner de l'extension à leur commerce ; que tous
ils ont trouvé dans la marine une source féconde de
gloire et de prospérité matérielle, et que les adversaires de cet agent de la richesse publique ne connaissent pas le rôle brillant qu'il a joué dans l'histoire
des peuples qui en ont fait usage.

La France est essentiellement puissance maritime, et tout lui fait un devoir
d'entretenir une flotte imposante.

Chaque peuple a son génie particulier. L'histoire des
innombrables générations qui se sont succédé à la surface de la terre ne nous présente point deux états qui
aient gravité dans la même orbite ; qui, à la même apti-
tude, aient réuni les mêmes goûts naturels. Il semblerait
que le créateur eût voulu marquer d'un cachet particulier chacune des races qui ont figuré sur la scène du
monde. Les Egyptiens se livraient à l'agriculture ; les
Carthaginois au commerce ; les Romains à la guerre.
D'ailleurs, la position géographique d'une nation déter-
mine presque toujours le genre d'industrie le plus favorable à la richesse publique. En vain une secrète ten-
dance eût poussé vers la marine les habitans de la
Grande-Bretagne : ils n'auraient jamais réalisé les prodiges dus à leur ocmmerce extérieur s'ils n'avaient pas

été placés par la nature sur une terre battue de tous côtés par les flots de l'Océan. Voyons si la France présente les conditions sans lesquelles il est impossible de s'élever au rang de puissance navale.

Parlons d'abord de sa situation géographique.

Assise sur les bords de la Manche, de l'Océan et de la Méditerranée, qui baignent une grande partie de ses frontières, elle domine l'ouest de l'Asie et le nord de l'Afrique par le moyen de ses côtes méridionales, tandis que les rivages qu'elle possède à l'Occident la mettent en rapport direct avec le continent américain. Certes, sous ce rapport, elle compte au nombre des états qui peuvent avec avantage se livrer à la navigation.

Examinons maintenant, l'histoire à la main, si ses enfans ont des dispositions innées pour la marine, si leur nom a retenti sur les mers, si la gloire les a suivis sur un élément où les succès doivent acquérir un prix d'autant plus élevé qu'ils sont disputés avec un plus grand acharnement.

En remontant à une époque antérieure à la formation de la monarchie française, nous verrons la ville de Massiliote (aujourd'hui Marseille) exercer, grace à ses vaisseaux, la suprématie sur la Méditerranée, puiser dans sa marine la source féconde de son opulence, et entreprendre de lointains voyages de découvertes qui ont immortalisé les noms de Pythéas et d'Euthémènes.

Les Armoricains, qu'on croit les fondateurs de Venise, disputèrent long-temps aux Romains l'empire de la mer. César, dont le regard d'aigle perçait, pour ainsi dire, dans l'avenir, sentit que pour les vaincre il était indispensable d'augmenter le nombre de ses vaisseaux, et il en fit construire dans les ports de ce peuple belliqueux. La bataille que Brutus livra aux Vénètes, près de Vannes, fut vivement disputée. Il est même probable que ceux-ci auraient remporté la victoire, si les Romains, à l'aide de faux au tranchant affilé, placées à de longues perches, n'eussent forcé leurs ennemis à soutenir un combat où les premiers avaient un avantage immense, parce qu'ils étaient supérieurs en nombre. Il paraît qu'à cette époque les Armoricains jouaient un grand rôle dans la Gaule, puisque la nouvelle de leur défaite décida, seule, les Pictons, les Santons, les Viviskes à se soumettre aux lois de Rome.

Or, les Bretons sont les descendans des Armoricains, et jusqu'ici ils ont conservé intacte la haute réputation de bravoure qui s'attache au nom de leurs ancêtres.

Sous Thierry, les Danois allaient débarquer sur le littoral de la France, où ils auraient jeté la consternation et exercé de grands ravages. Son fils Théodebert, pour préserver son pays de l'invasion de ces enfans du Nord, improvisa, pour ainsi dire, une flotte, et, au moyen d'une manœuvre savamment combinée, se rendit maître de leurs navires.

La marine jeta beaucoup d'éclat sur le règne de Charlemagne. Ses flottes remportèrent des victoires sur les Sarrasins et les Normands, et forcèrent les Vénitiens à se renfermer dans leurs lagunes.

Sous Philippe-Auguste, la France comptait 1,700 vaisseaux de toute grandeur, et notre marine joua un rôle important dans les croisades. Sans chercher à justifier ces expéditions religieuses d'outre-mer, je dirai néanmoins qu'elles ont eu un beau résultat, en ce sens qu'en ôtant l'empire de la Méditerranée aux Grecs et aux rabes, elles l'ont remis aux mains des nations de l'Occident; elles ont aussi produit deux hommes de mer célèbres : Guinimer, sous Philippe-Auguste, Florent de Varennes, sous saint Louis.

Philippe-le-Hardi compta des flottes imposantes et des

marins distingués, parmi lesquels on doit citer Enguer-
rand.

Sous le règne de son fils, un Montmorency battit les
Anglais, et, après avoir brûlé la ville de Douvres, dicta
toutes les conditions de la paix.

Jean de Vienne commanda les flottes de Charles V et
Charles VI, remporta plusieurs victoires sur les Anglais,
livra au pillage l'île de Wight, et aux flammes Dormont,
Plymouth et un grand nombre d'autres places; puis, à
la bataille de Nicopolis, mourut de la mort des braves.

Vers la même époque de notre histoire, Jean de Buch
soutint, pendant deux jours, le choc d'une escadre anglaise : et pourtant il ne commandait que des navires
marchands !

Les règnes de Louis XII et de François Ier puisent
dans la marine une partie de leur grandeur. Deux fois,
Préjan, à l'aide de ses vaisseaux, châtie sévèrement les
Génois révoltés. Le vice-amiral Lafayette gagne une victoire éclatante sur les escadres de Charles-Quint qu'il
force de se brûler dans le port de Nice en 1521. Am-
baud, amiral de France, écrase les flottes anglaises et fait
une descente sur les côtes de la Grande-Bretagne. Plus
tard, Lagarde ajoute la Corse à la couronne de France; et,
joignant le courage à la témérité, attaque avec des forces
inférieures en nombre la marine anglaise, qu'il détruit
totalement en 1555.

Sous Louis XIII, la marine abandonnée par ses prédécesseurs se réveilla, et prouva qu'elle pouvait encore
engendrer de sublimes actions, à la tête desquelles on
doit faire figurer la prise de la Rochelle, et les victoires
que le duc de Fronsac remporta, pendant trois années
consécutives, sur les flottes espagnoles.

La marine jette un vif éclat sur le règne de Louis XIV.
Colbert, en organisant des flottes imposantes, en dotant

la France d'un code maritime que tous les états s'empres-
sèrent d'adopter, pressentait les services que ce prince
pourrait retirer de ses forces navales. Pendant vingt ans,
elles traversèrent victorieuses toutes les mers, et contri-
buèrent, pour une large part à la somme de gloire qui
appartient à la plus brillante période de nos annales.
Sans entrer dans des développemens que ne comporte
pas le cadre que j'ai adopté, je ne pourrais relater toutes
les phases que notre marine a parcourues pendant cette
époque. Je dois m'en tenir aux faits les plus saillans. Ri-
chelieu et Vendôme dispersent les flottes espagnoles.
Paul, en détruisant les vaisseaux de Tunis, Maroc et Alger, rend un service signalé au commerce et à la civilisation. Aux Antilles, Cussac remporte une victoire éclatante sur les Anglais, qui, dans différentes circonstances,
ne peuvent tenir tête aux flottes commandées par un
conseiller au Parlement, Lefèvre de la barre. Beaufort
délivre la Méditerranée des pirates de Tunis. Tourville
défend, à la Hogue, l'honneur du pavillon français; et,
quoique forcé, après dix heures d'un combat opiniâtre,
de fuir devant des ennemis infiniment supérieurs en
nombre, on peut soutenir qu'il a des droits à l'admiration du monde; car, quelquefois la défaite honore plus
que la victoire. Il me suffira de citer les deux d'Estrées,
Duquesne, Château-Renaut, Jean-Bart et Duguay-
Trouin pour rappeler à mes lecteurs les événemens les
plus remarquables de l'histoire de la marine, et les noms
les plus sonores parmi les hommes que la mer a portés à
l'immortalité.

Louis XVI, qui était versé dans l'art de la navigation,
fit de grands sacrifices pour donner à la France le rang
qu'elle doit occuper parmi les puissances navales et dont
le règne précédent l'avait totalement dépouillée. La-
motte-Piquet dans l'Océan Atlantique, le bailly de Suffren

dans la mer des Indes soutinrent la vieille réputation de bravoure de nos navigateurs. Notre marine, à cette époque, prit une large part à l'œuvre de l'indépendance américaine, et, sous ce rapport, elle a acquis des droits à l'intérêt de la philanthropie.

Sous l'Empire, les Hamelin, les Duperré, vengèrent glorieusement, dans les Indes, les désastres que nos flottes essuyèrent dans la Méditerranée et l'Océan.

De nos jours, Navarin, Alger et Lisbonne ont prouvé que nos marins savent verser leur sang, non seulement pour soutenir l'honneur national outragé, mais encore pour faire triompher la cause de l'humanité.

A une époque où des écrivains, guidés par des motifs que je ne veux pas approfondir, cherchent à propager l'opinion que la France ne peut jouer aucun rôle parmi les nations maritimes, et que ses flottes n'ont jamais été assez puissantes pour faire respecter son nom, il m'a semblé nécessaire de présenter les faits sous leur véritable aspect, et d'employer tous les moyens en mon pouvoir pour dissiper de fâcheuses impressions.

La France, disent nos adversaires, peut bien se passer d'une marine militaire; celle-ci ne rend aucun service à la patrie et fait peser sur les contribuables des charges fort élevées. Comment, dans un pays aussi éclairé que le nôtre, ose-t-on avancer de semblables absurdités!... Il semblerait, vraiment, que nous fussions privés de nos frontières maritimes et de notre commerce d'outre-mer! mais, si une guerre navale éclatait contre nous, nous verrions donc l'ennemi brûler nos ports de mer, ravager tout le littoral de la France, capturer nos navires marchands, et nous ne pourrions lui opposer aucune résistance, et nous assisterions, paisibles spectateurs, à la ruine et au déshonneur de notre nation!..... Quoi! nous avons une armée nombreuse pour soutenir nos négociations, pour préserver notre sol, si besoin était, d'une invasion étrangère, et nous laisserions à tout jamais sans défense des rivages aussi riches et aussi étendus que les nôtres, sans protection notre commerce extérieur qui acquiert tous les jours de l'extension, et donne à l'agriculture de nouveaux débouchés, à l'industrie de nouveaux alimens !....

Un exemple assez récent prouve l'utilité de la marine militaire sous le rapport de la richesse publique. Le ministère du cardinal Fleury avait laissé pourrir, dans nos ports de mer, tous les vaisseaux de l'Etat. Une collision éclata avec l'Angleterre. Notre commerce, livré à lui seul, fut anéanti ; nos colonies tombèrent aux mains des Anglais. Cette guerre traîna après elle tant de désastres que la France salua, comme un immense bienfait, la paix honteuse de 1763.

D'ailleurs, une dernière considération devrait désarmer les détracteurs de notre force navale. Si des sujets français étaient indignement maltraités dans des pays séparés de nous par l'Océan, si notre pavillon était traîné dans la boue par une puissance située au-delà des mers, la France, privée qu'elle serait de sa marine, ne pourrait donc venger des affronts commis à la face du monde !... Un rôle aussi méprisable ne lui appartient point ; car, en le remplissant, elle renierait un passé plein de gloire ; elle reculerait devant la haute mission que doit s'imposer une société bien organisée : celle de couvrir du manteau de sa protection tous les membres de la grande famille, et de conserver intact le dépôt de l'honneur national.

J'en ai, ce me semble, assez dit pour faire sentir l'indispensable nécessité d'une marine militaire.

La France se trouverait dans l'impossibilité d'armer des escadres, si elle
ne *conservait* précieusement ses colonies.

A l'époque où nous vivons, un grand nombre d'écrivains,
qui font métier de discourir sur toutes sortes de sujets,
tranchent des questions qu'ils n'ont pas approfondies,
qui n'ont même pas été l'objet de leurs méditations. Il
en résulte que le pays, poussé par eux dans une mauvaise voie, se forme, sur des matières qui se rattachent à
l'avenir de la société, des opinions marquées du cachet
de l'erreur, et que la vérité lui apparaît comme un sophisme que la raison doit repousser. Je crains que quelques-uns de mes lecteurs ne rangent, dans la catégorie
des paradoxes, la proposition écrite en tête de ce chapitre ; et pourtant elle repose sur l'autorité des faits, sur
l'observation des caractères particuliers qui dessinent
chaque province.

En effet, supposons un instant que les principes
avancés par les partisans absolus de la liberté commerciale fussent mis à exécution et que la France eût proclamé l'indépendance de ses colonies ; quelles seraient les
conséquences de cette mesure ? Je ne parle pas ici du tort
grave qu'elle causerait à notre industrie en la privant de
débouchés fort importans, de la crise profonde qu'elle
provoquerait au sein de nos ports de mer, en tarissant la
la source qui fécondait leur prospérité matérielle. Je ne
m'occupe ici que du côté politique de la question.
En 1835, d'après un document officiel, 10,213 marins
sont arrivés dans nos ports et 11,311 en sont partis. Sur
ces chiffres, le nombre des matelots partant pour les colonies était de 6,266, et celui des arrivans de 5,721,
d'où il suit que nos rapports avec nos possessions d'outre-
mer occupent plus de la moitié des marins affectés à

la grande navigation, et que la perte de nos colonies ferait disparaître des cadres de la marine une grande partie de nos hommes de mer les plus intelligens et les plus actifs. Or, d'après le code qui régit la navigation, nos marins, jusqu'à l'âge de cinquante ans, sont à la disposition du gouvernement, qui, à l'époque où le besoin s'en fait sentir, les appelle à bord de ses vaisseaux.

Si donc nous abandonnions nos colonies, l'état se verrait privé de la source où il puise la part la plus large du personnel de la marine.

Mais ce n'est pas tout : la pêche de la morue occupe 11,000 matelots. Le gouvernement encourage cette industrie de tous ses moyens en lui accordant des primes assez considérables. Il reconnaît les services qu'elle rend au pays, puisqu'elle crée des marins d'élite qu'il pourrait utiliser avantageusement sur les navires de guerre. Or, les produits de cette pêche atteignent le chiffre de 300,000 quintaux métriques; 110,000 sont consommés sur les îles qui nous appartiennent. Il est évident que, si elles nous échappaient, nous ne pourrions remplacer le débouché important qu'elles procurent à ces produits; nous diminuerions nos armemens pour la pêche de la morue, et le nombre des marins classés s'en ressentirait d'une manière extrêmement nuisible à la formation de nos flottes.

Mais, va-t-on sans doute m'objecter ici, il n'est pas indispensable, pour équiper nos vaisseaux, de recourir à la marine marchande : on peut s'adresser à la conscription.

Je répondrai qu'à différentes reprises on a tenté d'organiser notre force navale sans puiser dans l'inscription maritime; mais l'expérience a fait justice de ce système, et démontre l'excellence de celui inventé par Colbert. L'enfant de l'intérieur ne peut vivre au sein des brouillards de la mer, s'habituer à la vie orageuse du marin. L'homme du littoral a été, pour ainsi dire, bercé par les vagues de l'Océan : la mer est son élément, sa patrie; la terre l'étouffe, il ne respire librement que sur les flots ; il n'est heureux que lorsqu'il ne voit aucune borne à l'horizon immense qui l'entoure.

D'ailleurs on peut improviser un soldat. S'il est animé du noble désir de verser son sang pour son pays, il aura bientôt acquis assez de connaissance pour manœuvrer avec avantage sur un champ de bataille. Les premières années de la République démontrent la justesse de cette assertion. L'éducation du marin se fait lentement. Six, huit ans d'études, d'expérience, ne suffisent pas pour le perfectionner dans l'état auquel il a voué son existence. Il faut encore qu'il possède des dispositions innées pour l'art de la navigation ; et elles ne se rencontrent ordinairement que chez les hommes élevés sur les bords de la mer.

En supposant même que la conscription pût être substituée, pour l'armement de nos flottes, à l'inscription maritime, une raison, puisée dans les principes d'économie qui distinguent les sociétés modernes, s'opposerait à la réalisation de ce système. A bord des navires de l'état, le marin coûterait 1,000 francs par an ; à l'aide d'une prime qui se monte, terme moyen, à 200 francs pour chaque homme affecté aux pêches de la morue et de la baleine, le gouvernement voit s'élever, sur le littoral, d'excellens navigateurs, placés par nos lois, jusqu'à l'âge de cinquante ans, à la disposition de la patrie.

Il est donc vrai d'avancer que la marine militaire ne peut exister sans le secours de la marine marchande, qui l'alimente incessamment. Cette proposition n'est peut-être pas près de passer à l'état de vérité aux yeux des personnes qui n'ont pas étudié à fond la matière que j'agite ; mais c'est un des principes qui servent de base aux projets que l'intérêt de notre force navale inspire aux hommes spéciaux. C'est aussi la ligne de conduite que se sont de tout temps tracée les membres du parlement anglais ; et, pour le prouver, je laisserai parler le célèbre Adam Smith : « Nos législateurs semblent avoir eu presque toujours en vue d'augmenter la puissance maritime de la Grande-Bretagne, par la protection qu'ils ont accordée à la pêche de la baleine. Cette pêche, malgré une gratification exclusive, ne rapporte guère au delà de ce qu'elle coûte annuellement en gratifications. »

Maintenant je répondrai à ces économistes, à la tête desquels je dois placer l'abbé de Pradt, qui applaudiraient à la chute de notre puissance navale.

Il me semble que la marine militaire est appelée à jouer un rôle important dans un avenir vers lequel on marche à grands pas : de temps à autre, l'horizon politique se couvre de sombres nuages ; l'habileté de la diplomatie finit toujours par les dissiper ; mais le monde est dans l'attente de grands événemens. La question d'Orient est comme une épée de Damoclès suspendue au dessus des peuples. On pourra encore en retarder le dénouement ; mais, du sein des révolutions qui se consomment dans les entrailles de notre vieille société, peut jaillir une étincelle qui produira une combustion générale. Alors le colosse du Nord brisera le masque qui couvre son ambition, et voudra s'emparer de la proie qu'il convoite depuis le règne de Catherine II, et sur laquelle il se serait depuis long-temps précipité, s'il pensait que les autres puissances laissassent rompre impunément l'équilibre européen. En attendant qu'il surgisse une occasion favorable pour ajouter la Turquie à ses immenses domaines, et pressentant que, sur les flots de la Méditerranée, doit se vider un différend qu'il faudra pourtant aborder tôt ou tard, il organise une force navale, déjà assez imposante. Quand on songe que, sous le règne d'Alexis, prédécesseur de Pierre-le-Grand, la Russie ne possédait qu'un bâtiment de guerre et quelques légères embarcations, et qu'un révolté, appelé Stianka, coula cette ombre de flotte dans la mer Caspienne, et qu'à présent elle compte 30 vaisseaux de ligne, 18 frégates, 4 corvettes et 10 bricks, on est frappé de l'extension rapide qu'elle a donnée à sa force navale.

Et l'on voudrait qu'en présence d'une nation qui, lancée depuis peu de temps dans la carrière de la marine, exerce déjà une si grande influence sur les mers, et qui, dans toutes les circonstances, laisse percer ses gigantesques projets de conquête, la France ne s'appuyât pas sur une flotte formidable, ne dût pas occuper au moins le second rang parmi les peuples qui se livrent à la navigation !..... L'Angleterre de son côté, pour que les événemens ne la surprennent point, tient la marine de l'état sur un pied imposant. Vienne le jour du danger, et elle pèsera de tout le poids de ses escadres dans la balance du monde.

Avant de terminer ce chapitre, je ne puis me dispenser de réfuter une autre objection. On me dira peut-être : La marine française ne peut lutter contre les flottes de la Grande-Bretagne ; ainsi elle n'est d'aucune utilité.

Singulier raisonnement ! il semblerait que nous dussions être toujours en guerre avec cette puissance, et que nos vaisseaux n'eussent à craindre que les canons britanniques ! C'est là l'effet de préventions que l'on détruira difficilement. Chaque jour, la France et l'Angleterre voient se resserrer les liens d'amitié qui les unissent, ont un intérêt plus pressant à maintenir la paix de l'Europe. Peu à peu les préjugés nationaux s'effacent devant les progrès de la raison, et les barrières que des souvenirs qui s'éloignent des nouvelles générations avaient élevées entre ces deux états, disparaîtront complétement. D'ailleurs, ne sait-on pas que la France, dans différentes circonstances, s'est emparée de l'empire de la mer, et que rien, sinon l'infériorité de sa marine marchande, ne s'oppose à ce qu'elle reprenne un jour son ancienne suprématie? D'ailleurs encore, parce que nos flottes ne peuvent soutenir le parallèle avec celles de la Grande-Bretagne, faut-il, de toute nécessité, qu'on licencie définitivement les marins de l'état ? A ce compte, tous les peuples de l'Europe devraient congédier des armées qui ne servent qu'à miner leurs ressources financières, car la France est la plus puissante des nations continentales.

La France perdrait ses possessions d'outre-mer, si l'on n'imposait point le sucre de betteraves.

> Le sucre n'étant nulle part nécessaire à la vie, et étant devenu l'objet d'une consommation universelle, est, par là même, un objet extrèmement propre à être imposé.
>
> (*Richesse des nations*, livre 5, chap. 2.)

Notre siècle a été témoin d'un prodige enfanté par l'industrie. Vers l'année 1775, Margraff découvrit la propriété saccharine de la betterave. Mais, à cette époque, personne au monde ne pressentait la haute influence que les travaux de ce chimiste exerceraient un jour sur la richesse des nations. Son expérience, comme beaucoup d'autres, n'eut d'abord aucun retentissement : elle fut à peine connue de quelques-unes des illustrations de la science. Mais, en 1809, des industriels, ayant étudié les ressorts d'une fabrique de sucre indigène qu'Achard

avait fondée depuis peu dans la Silésie importèrent
chez nous des procédés dont il avait déjà fait usage avec
quelques succès. Des établissemens de ce genre s'élevèrent en France.

Napoléon, sentant l'utilité d'une industrie qui pouvait
fournir aux consommateurs le sucre dont le blocus conti-
nental les privait depuis long-temps, la protégea d'une
manière particulière par les tarifs prohibitifs de Tria-
non.

Malgré cela, elle ne fit que languir ; et, après quelques
essais qui occasionnèrent la ruine des fabricans, elle
disparut de notre territoire. Depuis bien du temps il
n'en était plus question; mais, en 1820, on apprit avec
surprise qu'un établissement existait encore dans le Pas-
de-Calais, et que même il était dans un état assez prospère
pour donner des bénéfices à l'homme qui l'exploitait.
L'attention des industriels se tourna de nouveau vers une
branche de spéculation qu'ils avaient crue morte. Quelques sucreries prirent naissance dans le nord. Les unes
furent écrasées par des dépenses dont elles ne pouvaient
se couvrir; les autres, malgré l'imperfection des procédés
de fabrication, atteignirent un assez haut période de prospérité. Enfin, à travers les tâtonnemens qui caractérisent
tout commerce naissant, les chutes qui ont constaté ses
premiers pas, cette industrie a pris racine dans quelques-
uns de nos départemens. Elle compte en France 400
fabriques; elle voit beaucoup d'autres s'élever; elle jette
déjà à la consommation 40,000,000 kil. de sucres : et, si
le gouvernement lui accorde encore quelques années la
faveur exceptionnelle dont elle est l'objet, elle aura
bientôt envahi tout le marché de l'intérieur. Il est, en
effet, impossible que les colonies puissent soutenir la
concurrence d'un si redoutable adversaire.

Quelques mots suffiront pour le démontrer.

Le sucre exotique coûte   5o fr. les 100 kil.
Fret, assurances, commissions 3o
Dépenses de l'entrepôt et frais
 de transport 10
            9o fr.
L'impôt se monte à . . . 49 5o c.
           i3g 5o c.

Ainsi, le prix de revient du sucre colonial, lorsqu'il est livré à la vente, est de i3g fr. 5o c.

Or, d'après les dépositions de nos principaux fabricans, qui, certes, n'avaient pas intérêt à grossir leur chiffre, le sucre de betterave, qui ne supporte le poids d'aucune taxe, ne coûte, arrivé au marché, que 85 fr.

Il en résulte que ce dernier jouit d'une protection de 54 fr. 5o c. par 100 kil.; et pourtant il est coté, à peu de chose près, au même prix que le sucre exotique.

Après cela, on s'étonnera des doléances de nos colonies; on osera soutenir que leurs plaintes n'ont aucun fondement; on rira de pitié, lorsque pour conjurer l'orage qui se forme au dessus d'elles, elles sollicitent ou une diminution dans les droits d'entrée sur leurs sucres, ou la création d'un impôt sur les sucres indigènes, ou enfin, si aucun de ces moyens ne leur est accordé, leur émancipation commerciale!

Mais on ne veut donc pas avouer que leur avenir est ébranlé par l'extension que reçoit, en France, la fabrication du sucre de betterave, et que le résultat de leurs démarches pour changer l'état de choses actuel doit être et est en effet considéré par elle comme une question de vie ou de mort!... Certes, leur position est grave et provoque toute l'attention de nos hommes d'état. Quelques îles, comme celles que nous possédons, ne chercheront peut-être jamais, quelle que soit la misère où elles languiront, à secouer le joug politique de la métropole : elles savent parfaitement que leurs efforts seraient frappés d'impuissance. Mais est-ce là une raison pour repousser leurs réclamations? la faiblesse n'inspirerait donc aucun intérêt!.... La France, dans différentes circonstances, a volé au secours de peuples malheureux, et n'aura pas qu'une stérile pitié pour ses enfans d'outre-mer.

D'ailleurs, en frappant d'un impôt le sucre indigène, ce serait rendre justice aux colonies.

En effet, le réglement du 30 août 1698 leur interdit la faculté de commercer avec l'étranger, et les art. 3 et 4 de l'acte de navigation du 21 septembre 1793 établit que le transport de leurs marchandises ne pourra s'effectuer que par navires français. Mais, pour compenser tous les sacrifices qu'on leur imposait, le premier réglement leur assurait, sur le marché de la mère-patrie, un débouché aux produits de leur sol.

En conséquence de ces conventions, les sucres étrangers furent frappés, à nos frontières, de droits presque prohibitifs.

Nos possessions d'outre-mer, pour faire face aux besoins de la métropole, ne sont, pour ainsi dire, livrées qu'à la culture de la canne; et, tandis qu'en 1817, elles ne produisaient que 20,000,000 de kil. de sucres, elles ont figuré, en 1835, dans nos entrées, pour 69,172,361 kil. Or, le marché de l'intérieur leur échappe d'une manière sensible, quand il ne voudra plus s'adresser à leurs produits; le contrat qui les lie, sous le rapport commercial, à la mère-patrie, est rompu de droit; car tous les avantages ne peuvent être du même côté, sans aucune compensation pour l'autre partie.

Au reste, si la France, lorsque le sucre indigène pourra suffire à la consommation et aura expulsé celui des colonies, voulait mettre à exécution les clauses qui lui sont favorables, ses possessions transatlantiques n'existeraient pas deux ans, puisqu'elles seraient dans l'impossibilité de se débarrasser de leurs marchandises, qui forment toute leur richesse.

Alors la justice ferait donc à la France un devoir de proclamer leur émancipation commerciale (1). Il n'entre pas dans le plan que je me suis tracé d'examiner le bien que cette mesure leur procurerait; je dirai seulement que le sol, ne produisant depuis long-temps que de la canne à sucre, se refuserait peut-être à d'autres cultures, et qu'il leur serait impossible de soutenir la concurrence des Indes Orientales. Mais j'insisterai beaucoup sur une considération prise dans le cercle où je dois me renfermer; c'est que notre marine marchande et, par conséquent, notre marine militaire perdraient le principal instrument de leur prospérité, si la France faisait le sacrifice du monopole de la navigation avec ses colonies.

Mais, me dira-t-on, il n'est pas difficile de réfuter cette proposition : car nos dépendances d'outre-mer nous ouvriraient leurs ports, et nous pourrions établir avec elles des relations de commerce. J'en conviens; mais dès lors que les vaisseaux des autres états auraient aussi accès dans ces îles, il naîtrait entre eux et les nôtres une concurrence qui ne tournerait pas à notre avantage. Cuba, dont le territoire égale celui de nos colonies et dont la population est double de celle de ces possessions, ne se refuse pas non plus à recevoir nos navires, et pourtant il entre à peine par an dans ses ports 60 bâtimens sous pavillon

_____

(1) Si j'avais à opter entre l'indépendance absolue des colonies et leur émancipation commerciale, je m'arrêterais au premier moyen; car je soulagegerais le trésor des sacrifices que nécessiterait notre domination politique sur ces îles lointaines, sacrifices qui ne seraient compensés par aucun avantage particulier pour la France.

français. D'où cela vient-il? de ce que le prix des transports par la voie de notre marine est plus élevé que dans d'autres états.

Pour expliquer cette infériorité, je ne dirai pas avec J.-B. Say « que notre caractère national est moins apte à « ce genre d'industrie qu'à plusieurs autres, » parce que les faits prouvent l'inexactitude de cette observation; mais je répéterai, avec le même auteur, « que la cause réside « dans le défaut de capitaux pour les grandes entreprises « maritimes. » Il en résulte que souvent nos vaisseaux naviguent sur l'est, et que, par conséquent, pour couvrir les frais du voyage, on est forcé, lorsqu'on trouve une cargaison, d'exiger des prix assez considérables.

L'esprit d'association ne fait pas beaucoup de progrès en France: l'individualisme est la lèpre de notre industrie.

L'Amérique, sous ce rapport, comme sous beaucoup d'autres, nous a laissés loin derrière elle. Là, on engage dans le commerce des capitaux immenses; et, lorsqu'on n'a à exporter aucun produit du sol, on envoie les vaisseaux acheter des marchandises dans toutes les parties du monde. Le Havre leur fournit des soieries; Bordeaux, des vins; Marseille, de l'huile; Canton, du thé; Banka, de l'étain; le Brésil, du sucre; Cuba, du café. Les magasins de New-Yorck, Philadelphie, Baltimore s'ouvrent pour tous ces objets, qui sont expédiés, en temps opportun, sur les pays qui les consomment. De cette manière, les Américains ne manquent jamais de cargaisons, et peuvent, sans cesser de faire de beaux bénéfices, n'exiger du commerce que des sommes peu élevées.

Je crois avoir suffisamment démontré que, si nous abandonnions le monopole de la navigation avec nos possessions d'outre-mer, notre marine verrait se tarir la source où elle puise presque toute sa richesse.

Maintenant, je vais répondre à une objection qui me

sera sans doute adressée. On me dira : Quelque chose que l'on fasse pour soutenir notre édifice colonial, tôt ou tard il s'écroulera. L'esclavage a pu retarder sa chute ; mais vienne l'heure de l'émancipation, et elle approche, et nos possessions transatlantiques sont ruinées, parce qu'elles ne produiront pas le sucre à des conditions aussi avantageuses que la métropole.

Je répliquerai d'abord que, puisqu'on est certain que dans un avenir dont nous ne sommes pas éloignés, le sucre indigène écrasera le sucre exotique, on ne devrait pas s'élever avec tant de force contre le projet d'une taxe sur le premier de ces produits. J'ajouterai que des intérêts très importans sont engagés sur nos colonies et que nous devons prendre toutes nos mesures pour retarder la ruine d'un grand nombre de nos compatriotes. A présent, je dirai deux mots sur la question de l'émancipation.

Aucun homme ne désire plus ardemment que moi l'affranchissement de nos esclaves. Il appartient à la France, chez qui les idées généreuses rencontrent toujours des sympathies, de proclamer ce grand acte de justice, et de déclarer à la face du monde que la dignité humaine doit être relevée de l'espèce d'abrutissement où elle est tombée dans les colonies. L'Angleterre, excitée par la parole éloquente de l'illustre Wilberforce, est entrée, avant nous dans la voie de l'émancipation. Il lui a coûté 5oo,ooo,ooo pour briser les fers de ses hommes de couleur. Nous pouvons, sans nous imposer d'aussi grands sacrifices, imiter l'exemple qu'elle a donné aux nations civilisées. D'ailleurs, les cris de liberté qui s'échappent de ses colonies éveilleront nos esclaves, et il serait à craindre qu'alors leur affranchissement ne fût scellé de malheurs qu'on peut conjurer, en accordant aujourd'hui à l'humanité ce qu'on sera obligé de céder plus tard à la force. Le travail libre a déjà obtenu de bons effets dans les dépendances de la Grande-Bretagne. A la Jamaïque, le chiffre de la production n'a presque pas diminué, et pourtant les hommes se reposent plus long-temps que par le passé. Ceci s'explique assez facilement.

L'esclave ne travaille que par force; il n'apporte dans ses travaux ni l'activité qui donne d'autres bras à l'ouvrier, ni l'intelligence qui perfectionne les instrumens, ni l'intérêt personnel qui stimule le zèle. Ne tenant par aucun lien à une société qu'il maudit secrètement, pourquoi chercherait-il à l'enrichir, puisque l'aisance générale ne peut s'étendre jusqu'à lui?

L'homme libre travaille pour lui-même; il a le désir d'améliorer son bien-être; il possède des enfans qu'il veut élever honorablement; il est membre de la grande famille, et tout lui fait un devoir d'accroître la somme de la prospérité publique. Il fut un temps où, sur notre continent, la terre était cultivée par des serfs; ils ont été affranchis ; et je ne sache pas que cette mesure eût renchéri considérablement les produits de notre sol. De ce côté-là je suis donc sans inquiétude. Que nos esclaves jouissent des bienfaits de l'indépendance : les premières années, ils seront comme étourdis de leur nouvelle position. Il pourra bien se faire qu'alors ils négligeront le travail ; mais, lorsqu'ils se seront, pour ainsi dire, familiarisés avec le régime sous lequel ils vivent, ils reviendront à leurs anciennes habitudes; ils sentiront même le besoin de s'entourer d'une certaine aisance, car ils seront pères de famille, et rien ne retrempe le courage de l'homme comme la vue des enfans dont l'existence lui est confiée.

Il est temps que j'aborde une matière qui intéresse au dernier point, non seulement quelques branches de notre industrie, mais encore l'immense population disséminée

3

sur le littoral de la France : je veux parler des colonies. Resserré dans les limites étroites que je me suis imposées, je ne puis que glisser sur un sujet aussi vaste, diversement envisagé par les économistes et les hommes d'état les plus célèbres. N'ayant à faire triompher aucun système, je suis sous ce rapport tout-à-fait désintéressé dans la question, et mes réflexions porteront le cachet de la plus grande impartialité et de l'indépendance la plus complète.

Dans l'antiquité, il était reconnu qu'un état ne pouvait mieux étendre sa puissance qu'en fondant des colonies, parce que les colons ont tout intérêt à soutenir la métropole. Sans elle, en effet, ils seraient à la merci du premier ambitieux qui fît mouvoir des forces un peu importantes. Machiavel, lui aussi, a proclamé ce principe. La Grèce, entourée qu'elle était de nations belliqueuses, voyait l'impossibilité de reculer les bornes de son territoire; pourtant la prospérité matérielle qu'elle avait acquise par son industrie augmentait tellement sa population que la terre se serait épuisée pour faire face à des besoins si nombreux. Alors les Doriens élevèrent des établissemens en Italie et en Sicile ; les Ioniens et les Éoliens jetèrent des colonies dans l'Asie-Mineure et dans les îles de la mer Égée.

Rome, pour asseoir au loin sa domination, assignait à ses citoyens les terres qu'ils devaient cultiver chez les peuples conquis. De la sorte elle comptait toujours au sein des nations soumises à son sceptre, des hommes dévoués à sa cause, et qui, par leur contact avec les indigènes, contribuaient d'une manière sensible à étendre l'influence de la mère patrie.

Comme on le voit, le but des anciens en créant des colonies était plutôt politique que commercial ; cependant il s'établit entre les métropoles et leurs dépendances des rapports d'intérêts qui portaient à un haut

période leur bien-être matériel. Il ne me serait pas difficile, en m'appuyant sur l'autorité de l'histoire, de prouver l'exactitude de mon assertion; mais je puis me dispenser de revenir sur une tâche que j'ai déjà remplie.

Ce fut la cupidité qui poussa les modernes vers les
terres encore vierges de l'Amérique. Ils établirent leur
empire après avoir consommé la ruine des naturels; ils
importèrent dans cette nouvelle partie du globe les découvertes de l'industrie; ils exploitèrent un sol que la
charrue n'avait pas encore sillonné, et ils jouirent en
peu de temps des bienfaits de la civilisation. Pourtant
l'Europe sentit la haute influence que ces établissemens
lointains pouvaient exercer sur la richesse publique, et
toutes ces colonies d'aventuriers furent placées sous la
dépendance des métropoles.

Examinons maintenant si, comme on l'a souvent
avancé, l'édifice transatlantique a écrasé notre vieil hémisphère.

A peine Colomb eut-il posé le pied sur le monde qu'il
avait deviné que, par une sorte d'enchantement, l'Europe se releva de la misère où elle avait long-temps
croupi. C'est que cette découverte lui procura des jouis-
sances jusqu'alors inconnues, et ouvrit un immense débouché aux produits de son sol. On vit l'industrie se
réveiller de sa longue léthargie, et verser ses trésors sur
presque toutes les nations de l'Occident, et principale-
ment sur celles qui possédaient beaucoup de colonies.
Pour le prouver je ne citerai que deux exemples; ils seront
pris chez les deux peuples qui ont compté le plus grand
nombre de ces établissemens extérieurs : je veux dire l'Espagne et l'Angleterre.

A l'époque où l'Espagne régnait sur le Mexique, le
Pérou et la Nouvelle-Grenade, ses ports étaient dans
l'état le plus florissant, sa marine faisait sa gloire et sa

richesse. Depuis qu'elle a perdu ces possessions, ses ports sont déserts, et la lèpre du paupérisme et de la fainéantise dévore ses enfans; et, pour traduire mon raisonnement en chiffres, je dirai qu'en 1786, époque prise dans la première période, ses exportations s'élevèrent à 207,157,000 et ses importations à 184,757,000. Or, en 1827, ses exportations n'atteignent que 71,912,000, et ses importations sont descendues à 95,235,000. Il lui reste un débris de ses magnifiques dépendances : c'est Cuba. Eh bien, cette île et quelques autres colonies peu importantes, qui ont également échappé au naufrage général, entrent pour 1/5 dans le relevé de ses relations avec tout le globe. Que répondre à la logique foudroyante de ces chiffres ?

L'Angleterre, elle aussi, doit son opulente prospérité à ses possessions d'outre-mer. Qu'était-elle, en effet, avant d'avoir jeté sur toutes les parties de l'univers les fondemens de son édifice colonial ? un rocher presque inculte qui pouvait à peine nourrir ses malheureux habitans. Mais le commerce extérieur a donné l'impulsion à la machine sociale, et il a enfanté des prodiges d'industrie dont on chercherait vainement des exemples dans les fastes des autres peuples. La Grande-Bretagne, avec ce tact qui caractérise toutes les mesures relatives à son bien-être matériel, sentait que sa prospérité reposait entièrement sur les dépendances qu'elle comptait au delà des mers, et elle les a toujours couvertes de ses faveurs. Jusqu'en l'année 1763, elle rabattait sur l'exportation de la plupart des marchandises étrangères à ses colonies tout ce qu'elle rabattait sur l'exportation qu'on en faisait aux nations étrangères indépendantes. Il en résultait, d'après Smith, que différentes sortes de marchandises étrangères coûtaient moins cher dans les plantations que dans la mère patrie. Il est vrai que le quatrième acte de Georges III

restreignit cette protection aux vins, aux toiles blan-
ches de coton et aux mousselines.

Quoi qu'il en soit, tandis que l'Angleterre s'imposait
de si grands sacrifices dans l'intérêt de ses possessions
d'outre-mer, les autres états contraignaient leurs colonies à recevoir les marchandises de l'Europe chargées
des droits qu'elles payaient dans les métropoles.

D'un autre côté, Albion, voyant ses colonies à la veille
de lui échapper, a épuisé une partie de ses ressources
financières pour les conserver. L'auteur de *la Richesse des
nations* estime que deux guerres qu'elle a soutenues pour
cet objet ont coûté au trésor 90,000,000 liv. sterling.
Dans ces derniers temps, pour tâcher de faire rentrer sous
le joug de la métropole les immenses possessions qu'elle
comptait dans l'Amérique septentrionale, elle a dépensé
dix-huit cents millions de francs, si toutefois l'on peut
s'en rapporter au chiffre posé par J.-B. Say.

Et une nation qui possède au suprême degré l'art de
calculer, le génie du commerce, qui devine par un ad-
mirable instinct tous les moyens propres à donner l'es-
sor à la prospérité publique, aurait ainsi, par un sentiment d'orgueil qui n'entre pas dans son caractère,
compromis l'avenir de ses finances pour maintenir sa
domination sur des contrées qui n'étaient pour elle qu'une
cause de ruine!... En vain, par les raisonnemens les
plus ingénieux, me prouveriez-vous que les colonies doivent ruiner les métropoles : votre théorie s'écroule devant
la puissance des faits. Je jette les yeux autour de moi, et
je vois briller à la tête des peuples industriels un état dont
tous les élémens de prospérité s'appuient sur ses dépendances d'outre-mer. J'appelle même à mon secours la sta-
tistique, science qui a détruit un grand nombre d'erreurs, et je m'assure que l'Angleterre avait un intérêt
puissant à combattre l'indépendance américaine ; car,

avant cette époque, elle jouissait du monopole de la navigation avec les États-Unis. Or, en me reportant à 1831, le commerce entre la Grande-Bretagne et les états de l'Union offrent des résultats plus éloquens que beaucoup de démonstrations.

	Importation (tonnage).	Exportation (tonnage).
Anglais	91,000	114,000
Américains	229,000	231,000

Ainsi la métropole ne peut suivre ses ex-colonies à travers le mouvement commercial.

Avant de m'éloigner de l'Angleterre, je citerai un autre exemple qui prouve de la manière la plus victorieuse l'utilité des colonies; j'irai prendre cet exemple au nord de l'Amérique, dans le Canada. Ce pays, sous les rapports du climat, des produits du sol, de la population, ne soutient pas le parallèle avec les Etats-Unis. Or, voici le chiffre de la navigation des Anglais avec les Etats-Unis et le Canada :

	Importation.
Etats-Unis	91,000 tonneaux.
Canada	480,000 idem.

Ces chiffres-là parlent plus haut que les argumens invoqués par les adversaires du système colonial.

J'arrive maintenant à la France, et je me demanderai si ses possessions transatlantiques exercent , comme l'ont avancé quelques écrivains, une fâcheuse influence sur la richesse de la nation. Pour résoudre cette question, il me semble tout d'abord nécessaire de m'appuyer sur des chiffres dont on ne pourra suspecter l'exactitude, puisqu'ils sont extraits du tableau général du commerce de la France et de ses colonies, publié par le gouvernement. Or, nos exportations pour nos dépendances d'outre-mer s'élèvent, pendant l'exercice 1835, à

49,766,985. Et, ici, je dois faire une réflexion de nature
à jeter quelque lumière sur le sujet que je traite.

Un fait que l'on ne peut contester, c'est que l'industrie
n'a pas encore atteint, chez nous, le degré de perfection-
nement qu'elle présente dans la Grande-Bretagne. Cette
infériorité tient à des causes que l'on explique facilement ;
chez nos voisins d'outre-Manche, on s'empresse de mettre
à exécution les découvertes qui tendent à diminuer les
frais de main-d'œuvre. Il y a déjà long-temps que leurs
manufactures ne fonctionnent qu'à l'aide de machines.
L'esprit d'association qui règne dans les mœurs vivifie
leurs gigantesques entreprises, et l'éducation distingue
leurs ouvriers, qui se tiennent toujours à la hauteur des
connaissances acquises, et, avec une étonnante sagacité,
savent appliquer les nouveaux procédés de la science :
aussi, tous leurs travaux portent le cachet de l'économie
et de la perfection.

En France, les chefs d'industrie se traînent dans
l'ornière de la routine, et accueillent froidement tout ce
qui les jette en dehors du cercle de leurs habitudes. A
Manchester, on ne rencontre que des machines ; à Rouen
et à Mulhouse, on n'aperçoit que des hommes ; chez nous,
les capitaux sont isolés, les efforts individuels, les ouvriers, en général, languissent dans l'ignorance ; tandis
qu'en Angleterre le moindre fileur sait lire, écrire, compter, et pourrait, au besoin, tracer le plan de la machine
qu'il fait mouvoir.

Il résulte de ce que je viens de dire que nos marchandises manufacturées ne s'élèvent pas à ce degré qui caractérise tout ouvrage *fini*, et qu'elles représentent une
valeur assez considérable, parce que les frais de production sont énormes. Si les colonies nous échappaient, ce
se serait donc l'Angleterre qui approvisionnerait leurs
marchés, et notre industrie perdrait, par suite de leur

émancipation, un débouché où il entre chaque année 50,000,000 de produits français. Quel coup pour les classes ouvrières, qui se plaignent déjà de l'avilissement où sont descendus les salaires, et dont la position vraiment déplorable appelle toute la sollicitude de nos hommes d'état !...

Mais si l'indépendance de nos colonies compromettait gravement l'avenir de cette partie intéressante de la société, elle verserait encore de plus grands malheurs sur le peuple du littoral. Tout son bien-être repose sur la navigation. Si elle se ralentissait d'une manière remarquable, on verrait nos marins, du haut de l'aisance qui les entoure, tomber dans un abîme de privations. Or, pour calculer les conséquences de la cessation de nos rapports avec nos dépendances d'outre-mer, il suffira de placer sous les yeux de mes lecteurs un document curieux, puisé dans un rapport du ministre des finances.

« Sur 859 vaisseaux sortis de nos ports en 1835 pour
« des destinations lointaines, 468 ont servi à transporter
« à nos colonies des provenances françaises, ou certaines
« marchandises étrangères prises dans nos entrepôts.
« Sur 751 vaisseaux affectés à la même navigation, en-
« trés dans nos ports pendant le cours de la même an-
« née, 408 arrivaient de nos colonies. Nos relations avec
« elles occupent donc plus de la moitié des navires des-
« tinés à la grande navigation.

« La proportion est en réalité bien plus considérable,
« car il ne faut pas se borner à compter le nombre des
« bâtimens, on doit aussi prendre en considération leur
« tonnage. Or, sur un arrivage de 185,051 tonneaux
« en 1835, 106,137 provenaient des colonies; et sur un
« départ de 206,020 tonneaux, 116,332 avaient les co-
« lonies pour destination. Il serait donc vrai de dire que

« nos rapports avec les colonies forment environ les 3/5
« de notre grande navigation. »

L'émancipation des colonies annihilerait donc, pour
ainsi dire, notre marine marchande, et laiserait sans
emploi un grand nombre de bras qui ne demandent
qu'à travailler pour augmenter la somme de la prospérité
publique ; car les hommes de mer ont cela qui les caractérise, c'est que jamais ils ne prennent part aux guerres
civiles. Toujours disposés à défendre l'honneur du pavillon
français, ils restent en dehors des intrigues politiques, et
ne voudraient pas entraver la marche du vaisseau de l'état.
Membres laborieux d'une famille au sein de laquelle ils n'ap-
portent jamais le trouble et dont les charges sont par eux
supportées avec plaisir, ils ont donc, sous tous les rapports,
des droits à la protection de leur patrie.

Or, si nous faisions le sacrifice de nos colonies, nous
leurs prouverions avec la dernière évidence que leur
sort n'est digne d'aucun intérêt ; car ils ne sont, pour
ainsi dire, propres qu'à la navigation. La position géographique de leur pays natal, des usages séculaires les
poussent vers l'élément qui se brise au pied du toit pa-
ternel. Ils naissent avec une vocation prononcée pour la
marine ; et ils seraient détournés de leur spécialité natu-
relle s'ils embrassaient une autre profession. D'ailleurs,
que feraient-ils ? le coup qui les aurait frappés se serait
étendu jusqu'à l'industrie, qui languirait alors faute de
débouchés.

Je dois aussi mentionner une considération d'un haut
intérêt dans cette discussion. L'indépendance de nos colonies livrerait nos ports de mer à toutes les angoisses de
la misère. Aujourd'hui ils prospèrent, grace au mouvement de la marine ; mais si nos exportations descendaient
à un chiffre peu considérable, la source de leur bien-être
se tarirait pour long-temps, et les nombreuses classes ou-

vrières auxquelles ils procurent l'existence se trouveraient dénuées de toutes ressources.

Le sort des négocians serait également à plaindre. Déjà ils sont créanciers des colonies pour une somme de 60,000,000. Si tout rapport de commerce était rompu entre eux et ces îles lointaines, ne courraient-ils pas les risques de perdre tout ou partie de ces capitaux? Outre cet immense inconvénient, ils verraient pourrir à terre des navires qui, dans des temps plus heureux, faisaient leur richesse, et s'écrouler ainsi, par sa base, une industrie qui étendait sa bienfaisante influence sur toute la population du littoral.

En présence d'aussi grands intérêts dont l'avenir est gravement menacé par l'extension que reçoit, en France, la fabrication du sucre indigène, osera-t-on parler économie? invoquera-t-on les chiffres du budget? fera-t-on sonner haut les 6,000,000 que nous coûtent nos dépendances transatlantiques?..... Je laisserai un instant de côté la question politique; je supposerai même que nos colonies ne sont d'aucune utilité pour l'entretien de notre force navale; je n'envisage le sujet que je traite que sous le rapport matériel : je soutiendrai encore que nous ne devons pas livrer à eux-mêmes nos établissemens d'outre-mer, leur accorder une indépendance dont, plus tard, ils reconnaîtraient les inconvéniens.

En effet, je conçois qu'une nation dont l'industrie a atteint son plus haut période, dont les moyens de transport sont moins dispendieux que partout ailleurs, ait intérêt à proclamer l'émancipation de ses colonies; car, assurée qu'elle est d'écouler tous ses produits, de jouir du monopole presque exclusif de la navigation, elles pèsent sur la métropole du poids qu'elles imposent au trésor. Mais ces principes ne trouvent pas malheureusement leur application dans notre pays. Notre industrie ne marche pas

de front avec celle de quelques autres états ; notre marine marchande est un peu arriérée. Il en résulte que,
sur les marchés de l'extérieur, nous serions écrasés par
nos concurrens, et qu'on doit considérer la somme à laquelle s'élèvent les frais coloniaux comme un tarif pro-
tecteur à l'ombre duquel nos manufactures et nos ports
de mer peuvent se préparer à vaincre un jour les puissances qui nous ont devancés dans la voie des perfection-
nemens matériels.

Mais il se présente un moyen tout simple de conjurer
ces tempêtes, c'est d'imposer le sucre indigène. Cette mesure, réclamée, au nom de la justice, par les hommes
impartiaux, trancherait des difficultés depuis long-temps
pendantes au tribunal de l'opinion publique. Je sais qu'il
est fort difficile d'asseoir une nouvelle taxe, de découvrir
un système de perception qui ne se brise point au contact de la pratique ; mais je sais aussi que, dans un pays
où le sel, le tabac et les boissons entrent pour des sommes
fort élevées dans les recettes de l'état, il est impossible
que le sucre, que l'on doit, d'après Smith, placer en première ligne parmi les objets de luxe, puisse échapper aux
mains du fisc. J'espère, d'un autre côté, que les financiers qui se livrent à l'étude de cette question trouveront
tôt ou tard un mode de recouvrement qui conciliera les
intérêts du trésor et ceux des colonies avec la protection
que l'on doit accorder à toute industrie nationale.

Il n'entre dans le plan de cet ouvrage ni de répondre aux objections élevées contre le projet d'un impôt sur
le sucre indigène, ni de formuler un système à l'aide duquel on puisse lever la taxe que l'on se propose d'appuyer sur ce produit de notre sol. Peut-être me décide-
rai-je, plus tard, à publier sur cette matière un travail
spécial, pour la confection duquel je réunis des matériaux je dirai seulement que, lorsqu'un projet de loi sera

présenté à ce sujet, un immense intérêt sera confié au pouvoir législatif, puisqu'il s'agira de préserver, d'un côté, notre budget d'une perte de 50,000,000, et, d'un autre, notre marine marchande et, par suite, notre marine militaire des malheurs qui menacent de les engloutir.

CONCLUSION.

Il me semble avoir rempli la tâche que je m'étais imposée.

J'ai prouvé, en jetant un coup d'œil rapide sur l'histoire des nations les plus florissantes de l'antiquité et des temps modernes, que, toutes, elles avaient puisé dans la navigation une grande partie de leur gloire et de leurs richesses. Promenant ensuite mes regards sur la position géographique de la France et sur les pages brillantes qui nous ont transmis son passé, j'ai démontré que la nature lui faisait une loi de se livrer à la marine, et que ses vaisseaux, outre le bien-être qu'ils ont traîné après eux, avaient souvent fait retentir son nom victorieux sur les vagues de l'Océan. Ensuite, j'ai établi que notre marine marchande, dont la prospérité s'appuie sur nos possessions d'outre-mer, était le principal élément de notre force navale; enfin, je suis arrivé à cette conclusion, que nous serions forcés, si le sucre de betteraves jouissait plus long-temps de l'immunité qui a soutenu ses premiers pas, de proclamer l'émancipation de nos colonies, et j'ai signalé quelques uns des inconvéniens qui découleraient de cette mesure.

Je le demande maintenant à tout homme qui marche avec bonne foi à la recherche de la vérité : serait-il juste, serait-il politique de laisser sans protection les bâtimens français qui sillonnent toutes les mers? Est-ce que la sécurité ne forme pas l'ame du commerce? Est-ce que nos négocians oseraient hasarder leur fortune dans des spéculations lointaines, si la France ne pouvait venger des affronts commis sur ses enfans par des peuples situés au delà des mers? si nos vaisseaux marchands, lorsqu'une guerre éclaterait contre une puissance navale, servaient comme de proie à la cupidité de l'ennemi? Chaque jour, nos rapports avec l'étranger, soutenus qu'ils sont par une force maritime imposante, prennent une rapide extension. En 1835, le chiffre des importations et des exportations par mer s'est élevé à 1,092,954,514, dont 532,736,352 ont été transportés sur des navires français. Or, des intérêts aussi puissans, à la prospérité desquels se rattache l'avenir de notre agriculture, de notre industrie et de notre commerce, ne seraient donc pas de nature à provoquer, de la part du pouvoir-législatif, le sacrifice de quelques millions, sacrifice qui exerce en résultat une immense influence sur la richesse de la nation !

D'ailleurs, un fait récent, dont tout l'univers a été témoin, prouve l'utilité des vaisseaux de l'état. Par suite de réclamations qui reposaient sur des titres incontestables, mais déjà un peu usés par le temps, un différend s'était élevé entre la France et les Etats-Unis. Les rapports diplomatiques étaient à la veille de se briser entre deux nations qui, jusque là, avaient vécu dans la plus parfaite harmonie. Un orage, dont il était impossible de calculer les conséquences, se formait à l'horizon politique. Tout faisait craindre que la France ne se trouvât dans la nécessité de venger par les armes son honneur gravement compromis par des paroles que je ne veux pas qualifier. Des négociations ont eu le pouvoir de conjurer la tempête et de renouer les liens qui avaient toujours uni deux peuples généreux.

Tout le monde doit s'applaudir d'un semblable résultat, dû sans doute non seulement à la justice de notre cause, mais encore à l'attitude imposante que la nation, grace aux armemens ordonnés dans tous les ports de l'état, avait prise aux yeux de l'étranger. Mais si la guerre avait éclaté, sur quoi la France se serait-elle appuyée pour punir une offense qui avait blessé profondément la susceptibilité nationale? sur sa force navale. Certes, nos marins auraient versé des larmes de sang en lançant leurs boulets contre les compatriotes de Washington; mais on ne les a jamais vus déserter la cause sacrée de la patrie.

Si, à l'époque où nous vivons, la marine militaire joue un rôle aussi brillant, elle sera encore, à moins que les prévisions de nos publicistes ne se réalisent point, d'une plus grande utilité dans un avenir qui s'annonce déjà par des signes remarquables.

Depuis le débarquement des Grecs en Troade jusqu'à la bataille de Navarin, la Méditerranée a été comme le champ-clos où l'Occident et l'Orient se sont livré des combats dont les conséquences pesaient sur les destins des peuples. Mais ce bassin, qui a vu s'élever et tomber bien des empires, est destiné à remplir une œuvre plus pacifique. Ses flots doivent un jour porter de grandes richesses, et servir de moyens de transport pour un commerce immense(1). Si, en effet, la canalisation de l'isthme de Suez ou l'union du Nil et de la mer Rouge, si la jonc-

---

(1) Ces conjectures sont loin d'être dénuées de fondement ; déjà, notre navigation acquiert sur les bords de ce lac une activité qui présage un brillant avenir. En effet, dans ces derniers temps, les recettes des douanes présentent, terme moyen, dans la Méditerranée une augmentation de 6,000,000 par an, tandis que les mêmes produits sont frappés, sur les côtes baignées par l'Océan, d'une diminution assez considérable.

tion de la Méditerranée et de l'Euphrate, ou, autrement,
si la construction d'un chemin de fer mettaient, par le
moyen de l'Asie, les produits de la Chine et des Indes
en contact avec l'industrie européenne, l'Orient de-
viendrait le foyer d'opérations mercantiles dont on ne
peut préciser l'importance, et remplirait peut-être,
dans notre société, le rôle auquel Tyr et Sidon dans l'antiquité, Venise et Gênes dans le moyen âge, ont dû
toute leur puissance politique et matérielle. Par sa position géographique la France peut nouer avec les nations
qui bordent la Méditerranée des rapports avantageux
pour ses intérêts, et il est d'une sage politique qu'elle dé-
joue les calculs de tout état qui voudrait exercer sur
cette mer une suprématie qui lui appartient de droit.

Or, tous les cabinets connaissent les projets de conquête de la Russie. Du temps de Pierre-le-Grand, elle
avait l'ambition de régner sur le Nord, et elle jeta Saint-
Pétersbourg sur les bords de la Néva. Mais depuis Catherine II, elle a tourné les regards vers le Midi, et la Turquie est le point de mire de sa convoitise. Qu'une
occasion favorable se présente, et, si l'on ne s'oppose pas
à un agrandissement qui romprait l'équilibre européen,
on verra ses drapeaux flotter sur les murs de Constanti-
nople. D'après les probabilités, l'Orient recèle des germes
d'hostilité entre les puissances de l'Europe; et, ici, je
rentre dans la question politique qui domine, au reste,
le sujet que je traite. En effet, l'empire ottoman est placé
sur la pente rapide de sa décadence. Depuis la paix de
Carlowitz, ses forces vitales s'affaiblissent d'une manière
sensible. Si l'on mesure son présent à son passé, on est
frappé de l'espèce de fatalité qui pousse le corps social
vers son anéantissement.

En vain le réformateur Mahmoud, marchant loin du
sentier battu par ses prédécesseurs, brise les difficultés

qui s'opposent à ses vastes projets de régénération ; en vain cherche-t-il à implanter sur le sol musulman les découvertes de la civilisation ; en vain appelle-t-il à son secours des spécialités prises chez les nations dont il voudrait appliquer les mœurs et les usages aux hommes sur lesquels il étend sa main de fer : tous ses plans de réformes, avec quelque sagesse qu'ils soient combinés, échoueront contre un obstacle insurmontable ; je veux parler de l'islamisme.

Un peuple qui, au xixe siècle, vit encore à l'ombre du Coran, ne peut suivre le mouvement imprimé à notre époque ; il faut nécessairement qu'il se laisse devancer par des états régis par un code religieux plus conforme à la perfectibilité humaine, et se traîne à la remorque de toutes les erreurs consacrées par le temps. La religion de Mahomet, qui s'appuie sur le sabre, l'esclavage et la fatalité, les adversaires les plus acharnés de la loi du progrès, doit tomber devant des croyances en harmonie avec les idées du siècle, et précipiter dans sa chute les hommes qui soutiennent un édifice dont la date remonte à l'an 614 de notre ère. Mahmoud pourra prolonger de quelques années l'agonie du corps musulman ; mais il est impossible qu'il donne de la vigueur à un vieillard dont il hâte la fin par les remèdes violens qu'il lui administre.

Lorsque sonnera l'heure où l'empire musulman aura cessé de figurer sur la carte du monde, beaucoup d'états se disputeront la place qu'il aura laissée vacante sous le soleil de la Méditerranée, et la France possède trop bien le sentiment de ses intérêts pour permettre que cette place soit occupée par une nation dont l'ombre s'étend déjà sur tout l'Occident, ou du moins pour n'accepter que quelques lambeaux de l'héritage de la Turquie. Alors, force sera de faire appel à la marine militaire ; et les bou-

lets lancés par nos flottes, ne pourraient-ils pas faire
rentrer, jusque dans les glaces du Nord un peuple qui
voudrait peut-être réaliser à son avantage la prophétie
de Napoléon?

Loin de prétendre avec Châteaubriand que l'Europe,
après avoir traversé des guerres longues et désastreuses,
se nivellera dans un même système, je soutiendrai d'a-
bord, en m'appuyant sur Rousseau, que tous les peuples
ne peuvent être régis par la même constitution; et ensuite, que l'empire de la force brutale perd tous les jours
du terrain; que tous les états sentent, au moins d'instinct,
que la paix est l'état normal des sociétés, et appellent de
tous leurs vœux l'époque où il ne sera plus nécessaire
d'avoir sur pied des armées si nombreuses, qui dévorent
leurs ressources financières. Pourtant l'avenir peut recé-
ler des orages qu'il n'est pas donné à la sagesse humaine
de prévoir; et à l'heure des dangers, nos flottes soutien-
draient avec éclat les droits de la France.

Instruit par les leçons d'une longue expérience, Napoléon, à la fin de son règne, sentit le besoin de s'entourer
d'une force navale imposante. Jusque là, il n'avait considéré la marine que comme un moyen de transports. Il
paya cette erreur de la perte de sa couronne. Victorieux
sur tous les points du continent, il fut vaincu par un
peuple qui ne s'appuyait pourtant que sur les canons de
ses escadres et les richesses produites par son commerce
extérieur.

Si la marine, considérée sous le point de vue militaire
forme un des principaux élémens de la puissance natio
nale, elle rend aussi des services signalés à la civilisation
Découvrir un nombre immense de peuples jetés par la
nature au milieu des vagues de l'Océan; améliorer leur
position morale, en faisant briller à leurs yeux le flambeau
des connaissances acquises; opérer une réforme radicale

dans leurs habitudes en les dotant des prodiges enfantés
par notre industrie ; établir des rapports d'intérêts entre le
vieux continent et des îles séparées de notre hémisphère
par des distances presque incalculables ; agrandir le cercle
des observations en rendant accessibles au savant et au
moraliste des rivages éclairés par un autre soleil ; reculer
enfin les bornes du monde et celles de la science : voilà
les merveilles produites par la marine militaire, par une
institution qui ne rencontrerait en France aucun dé-
tracteur si l'on réfléchissait au rôle important qu'elle joue
dans l'histoire des empires.

Marcillé-Robert (Ille-et-Vilaine), 1er décembre 1836.

QUESTION

DU

SUCRE INDIGÈNE,

CONSIDÉRÉE SOUS LE RAPPORT

DE LA MARINE FRANÇAISE,

Par Napoléon Le Mest (des Côtes-du-Nord),

AUTEUR DE L'IMPÔT DES BOISSONS.

Prix : 2 francs.

A PARIS, CHEZ PAUL DUPONT, LIBRAIRE.

RUE DE GRENELLE-SAINT-HONORÉ, 55.

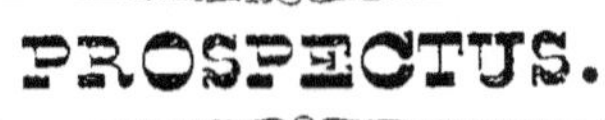

PROSPECTUS.

Malgré les graves événemens qui s'accomplissent sous nos yeux, malgré les agitations profondes qui travaillent le corps social, un immense intérêt se rattache au projet d'un impôt sur le sucre indigène. Cette question a déjà été envisagée sous bien des aspects. Les manufacturiers ont soutenu que le fisc, en étendant la main sur cette nouvelle branche de commerce, ferait disparaître de notre sol une industrie qui a marqué les premières années de son existence par le bien-être qu'elle a procuré aux classes ouvrières. Les agriculteurs ont prétendu que la culture de la betterave était une source féconde de richesses pour la propriété territoriale, puisque, dans tous les pays où elle s'est manifestée, elle a considérablement augmenté le prix des fermes, et que, d'ailleurs, cette plante était l'agent le plus efficace de la nourriture des bestiaux. Les financiers, plaidant la cause du trésor, ont prouvé, sans peine, que, si le sucre indigène n'était frappé d'aucune taxe, les recettes de l'état éprouveraient une perte de 50,000,000 fr. Les avocats des colonies ont jeté le cri d'alarme, et laissé entrevoir les malheurs qui menaçaient de fondre sur nos possessions d'outre mer, si l'ordre de choses actuel ne subissait point de notables changemens.

Comme on le voit, beaucoup d'intérêts opposés se groupent autour de la branche de commerce que le fisc voudrait atteindre.

Mais voici venir un écrivain qui considère, sous un autre rapport, la question qui préoccupe si vivement l'opinion publique. M. N. Le Mesl s'est constitué l'avocat de la marine française, et a démontré, d'une manière victorieuse, que cette source abondante de la richesse générale était à la veille de se tarir, si le sucre de betteraves échappait à l'impôt. Il s'est attaché à réfuter les attaques dirigées, dans ces derniers temps, contre la navigation, et, se plaçant au point de vue historique, il a signalé les services qu'elle avait rendus à la civilisation et au bien-être matériel des peuples. Puis, jetant un regard sur notre société, il a établi que le commerce extérieur avait fait croître les fruits de l'aisance sur tout le littoral de notre royaume; et, dans une chaleureuse péroraison, l'auteur, après avoir cherché à soulever le voile qui nous dérobe l'avenir, a précisé le rôle brillant que la marine militaire, qui se repose toujours sur la marine marchande, devait remplir dans une époque vers laquelle les générations marchent à grands pas.

L'ouvrage de M. Le Mesl, qui dénote de vastes recherches et une étude profonde du sujet qu'il a traité, doit hâter la solution d'une controverse qui dure depuis long-temps; car la France ne peut faire le sacrifice de ses escadres; et, pourtant, si le sucre indigène n'était pas imposé, elle se trouverait dans l'impossibilité d'armer les vaisseaux de l'état.

PARIS, IMPRIMERIE DE PAUL DUPONT ET Cⁱᵉ,
Rue de Grenelle-St-Honoré, n. 55.

Paris, Imp. de P. Dupont et Cie, rue de Grenelle-St-Honoré, no 55.